É
LEGFONTOSABB KÉRDÉSEI

JOHN BLANCHARD

EP BOOKS
Faverdale North, Darlington, DL3 0PH, England

Fordította és a magyar kiadást gondozta: Baranyi József
H-1066 Budapest, Ó utca 16.

A mű eredeti címe: Ultimate Questions

A Bibliából vett idézetek többnyire a Magyar Bibliatanács által 1979-ben kiadott bibliafordításból, néhány helyen pedig az un. Károli Bibliából, illetve a Békés-Dalos-féle 1955-ben Rómában megjelent Újszövetségből származnak.

Az élet tele van kérdésekkel. Vannak magától érthetődőek és könnyen megválaszolhatók, vannak nehezebb kérdések és vannak életbevágóan fontos kérdések.

Lehet, hogy most is, amikor kézbeveszed ezt a kis könyvecskét, tele vagy kérdésekkel. Talán egészségi állapotoddal, anyagi helyzeteddel, munkahelyeddel, családoddal, jövőddel kapcsolatban. Életed legfontosabb kérdései azonban Istennel hozhatók kapcsolatba. Az egészség, jó anyagi körülmények, megfelelő munkahely, boldog családi környezet, biztos jövő mind-mind fontosak, de még ezek is időlegeseknek tekinthetők, sőt jelentőségüket vesztik, ha nincs biztos, örök, élő kapcsolatod Istennel.

A következő oldalakon arra keressük a választ, miért oly fontos Istennel való kapcsolatunk, és hogyan lehetséges ennek helyreállítása.

Életünk legégetőbb kérdéseit feszegetjük, amelyeket elkerülhetetlenül mindenkinek meg kell válaszolnia.

Olvasd el figyelmesen, ha kell többször is a most következő oldalakat. Lehet, hogy egész életedre hatással lesz az, amit itt olvasol. Ne nyugodj meg addig, amíg életed legfontosabb kérdéseit kielégítően meg nem tudod válaszolni.

Valóban létezik Isten?

Ez a legfontosabb kérdés. Ha nincs Isten, akkor teljesen értelmetlen nyomozódnunk utána. *Aki az Istent keresi, annak hinnie kell, hogy ő van.* Isten létezése ugyan matematikailag nem igazolható, de a rendelkezésünkre álló adatok nagyon meggyőzőek.

Nézzük például a világmindenséget. Ha csak a véletlenek produktumának tartjuk azt, megannyi megválaszolhatatlan kérdéssel találjuk magunkat szemben, amelyekre a legmodernebb "big bang" elmélet sem ad választ. Ugyan hogyan jött létre az anyag, ami nélkül a "big bang" elmélet sem magyaráz meg semmit. A közismert evoluciós elmélet is gyenge lábakon áll. Nincs magyarázata a semmiből létrejött valamire, amely olyan csodálatos, magasan fejlett megnyilvánulási formákba öltözött, mint amelyeket földünkön ismerünk.

A különféle elméletek és filozófiai meggondolások nem adnak kielégítő magyarázatot. Az egyetlen megnyugtató válasz így hangzik: *Kezdetben teremtette Isten az eget és a földet.* Világunk nem a véletlenek játéka, amely a "mindenkor meglevő" kozmikus porból állt össze, hanem Isten szava alkotta azt, *úgyhogy a nem láthatókból állt elő a látható.* A teremtésnek igenis volt egy kezdete, és Isten határozta meg ezt a kezdetet. *Mert amit ő mondott meglett, és amit ő parancsolt előállott.* Így jött létre a világmindenség csodálatos rendje és törvénye, amelyben mindennek megvan a maga helye, a végelláthatatlan messzeségben levő galaktikáktól kezdve a legparányibb élőlényig. A tervhez hozzátartozik a tervező, s a törvényhez a törvényadó. Isten a nagy tervező és törvényalkotó. *Az Isten, aki teremtette a világot és mindazt, ami benne van, a mennynek és földnek Ura.*

Az isteni teremtés legfőbb bizonyítéka maga az ember. Az emberben van valami, ami emberré teszi, megkülönböztetve minden más teremtménytől; gondolkodó lény, képes a jó és a rossz megkülönböztetésére, lelkiismerete van, ismeri az irgalmat és a szeretetet, és mindezeken túmenően az istenimádat igénye elidegeníthetetlenül szívébe van oltva. Honnan vannak ezek a tulajdonságai? Sem a véletlen, sem a fejlődéstan embercsinálta törvénye nem lenne képes egy ilyen lényt létrehozni. A válasz így hangzik: *Az Úristen formálta az embert a föld porából, és élet leheletét lehelte orrába.* Az ember nem a véletlenek műve, hanem a világmindenség teremtőjének *csodálatos alkotása*.

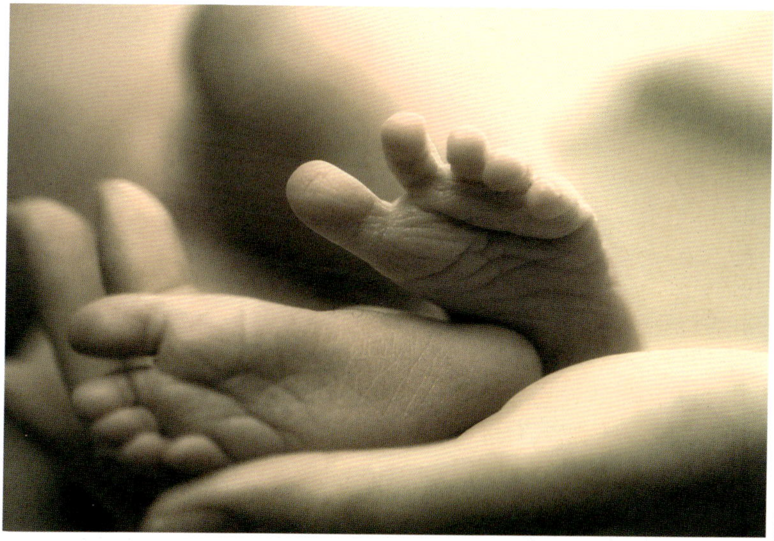

Megj. A döltbetűs szöveg idézet a Bibliából. Az előfordulási hely jegyzéke az utolsó oldalon található.

Valóban szólott az Isten?

Ez is egy fontos kérdés. Ha Isten nem leplezte volna le magát, máig is teljes tudatlanságban lennénk személye felől. *Ki tudod-e találni mi az Isten titka? A Mindenható tökéletességéig eljuthatsz-e?* Értelmünkkel nem vagyunk képesek Istent megragadni. Szükségünk van arra, hogy kijelentse magát nekünk.

Isten mindenek előtt a teremtett világban nyilvánította ki magát. *Az egek hirdetik Isten dicsőségét, kezének munkájáról beszél a mennyboltozat.* A világmindenség elképesztő méretei, csodálatos rendje és szépsége sokat mond arról az Istenről, aki megalkotta azt. Isten felmérhetetlen hatalma, kikutathatatlan bölcsessége és minden képzeletünket felülmúló sokfélesége lepleződött le abban. *Mert ami megismerhető az Istenből az nyilvánvaló előttünk, mivel Isten nyilvánvalóvá tette számunkra, mégpedig úgy, hogy ami nem látható belőle: örök hatalma és istensége, az a világ teremtésétől fogva alkotásainak értelmes vizsgálata révén meglátható. Ennél fogva nincs mentségünk.*

Az emberi kommunikáció legfontosabb kifejezési eszköze a beszéd, a szó. Isten a Szentírás szavain keresztül szól hozzánk. Az Ószövetségben közel 4000 alkalommal találjuk valamilyen formában kifejezésre juttatva azt, hogy beszélt az Úr. Csak

Mózes könyveiben 500 alkalommal van ez feljegyezve. Joggal állapítja meg Péter apostol: *"sohasem ember akaratából származott a prófécia, hanem a Szentlélektől indíttatva szólaltak meg az Istentől küldött emberek."*

Egyetlen más írás sem tartalmaz annyi nyilvánvaló utalást arra, hogy a szerző isteni megbizatás alapján szól, és próféciája be is teljesedett. Nem lehet nem komolyan venni a bizonyítékok sokaságát. Úgyszintén letagadhatatlan a Biblia hatása az emberekre. Nincs még egy könyv, amelyik ilyen életformáló hatással rendelkezne. Emberek milliói bizonyították évezredeken keresztül, hogy *az Úr törvénye tökéletes, felüdíti a lelket. Az Úr intő szava határozott, bölccsé teszi az együgyűt. Az Úr rendelkezései helyesek, megörvendeztetetik a szívet. Az Úr parancsa világos, ragyogóvá teszi a szemet.*

Az elmúlt 2000 év során, amióta a Bibliát mai formájában a kezünkben tarthatjuk, senki sem tudta a Szentírás egyetlen kijelentését sem hitelt érdemlően cáfolni. Ez azzal magyarázható, hogy *a teljes Írás Istentől ihletett.* Ezért ne emberi beszédként fogadjuk azt be, *hanem Isten beszédeként, amint-hogy valóban az is.*

Milyen az Isten?

Isten létezésének az elismerése csak az első lépés. Ezt követi annak felismerése, hogy ez az Isten a teremtett világon, illetve a Biblia lapjain keresztül szól hozzánk. De még itt sem állhatunk meg, többet kell megtudnunk Istenről. Nézzük meg milyennek írja le a Szentírás Istent.

Isten személy. Isten nem valamilyen erő, dolog vagy hatás, hanem személy, aki gondolkodik, érez, kíván és cselekszik. De ne képzeljük őt valamilyen felhők között trónoló, hosszú szakálú öreg bölcsnek. Az ilyen képek csak megtévesztenek bennünket. *Az Úr az igaz Isten, élő Isten, örökkévaló Király!*

Isten személyének megnyilvánulása. Csak egy igaz Isten van. Ő azt mondotta: *Én vagyok az első és az utolsó, rajtam kívül nincs Isten.* Isten mégis három személyben mutakozott be az embernek, mint Atya, Fiú (Jézus Krisztus) és Szentlélek. Valamennyiük teljes mértékben azonos lényegű Istennel. A Bibla beszél az *Atya Isten dicsőségéről;* azt állítja, hogy *az Ige (Jézus Krisztus) Isten volt;* és többször szól az *Úr Lelkéről.* Isten egy, de a Szentháromságban ez az egy Isten háromféleképpen leplezte le magát előttünk.

Isten Lélek. Istennek nincsenek dimenziói. Nincs teste vagy olyan jellegzetessége, aminek alapján formáját és nagyságát meghatározhatnánk. *Az Isten Lélek, és akik imádják őt, azok-*

nak lélekben és igazságban kell imádniuk. Ez azt jelenti, hogy Isten láthatatlan. *Istent soha senki sem látta.* Ő nem helyhez kötött, hanem képes mindenkor mindenütt jelen lenni. *Nem én töltöm-e be az eget és a földet? - így szól az Úr.* Isten tehát tökéletesen tudatában van annak, hogy mikor, hol milyen események zajlanak le. És ez nem csupán arra vonatkozik, amit teszünk vagy mondunk, hanem arra is amit gondolunk. Még a gondolataink sincsenek titokban előtte.

Isten örökkévaló. Istennek nincsen kezdete. A Biblia ezt így fejezi ki: *"öröktől fogva mindörökké vagy te, ó Isten!"* Soha nem volt és nem is lesz olyan idő, amelyben Isten ne lenne jelen. Így mutatkozik be a Jelenések könyvében: *"aki van, és aki volt, és aki eljövendő."* Ő örökkévaló és változatlan. *Én az Úr nem változtam meg* állítja magáról. Ő mindenkor az aki volt, és a jövőben is ugyanaz marad.

Isten független. Valamennyi teremtett lény függő viszonyban

van más lényekkel, illetve dolgokkal és végső soron Istennel. Isten azonban teljes mértékben független mindentől és mindenkitől. Önmagában létező. *Nem szorul emberi kéz szolgálatára, mintha szűkölködne valami nélkül; mivel ő ad mindenkinek életet, leheletet és mindent.*

Isten szent. *Szentségében felséges, dicsőségében félelmetes.* Semmi és senki sem hasonlítható a szentséges Istenhez. *Nincs olyan szent, mint az Úr*, akiben semmi hiba, szeplő és tökéletlenség nem található. A Biblia azt mondja róla: *"Szemed tiszta, nem nézheti a rosszat, nem tudod elnézni az elnyomást."* És ez a szent Isten elvárja tőlünk is, hogy szentek legyünk. Parancsa ma is így hangzik: *"Szentek legyetek, mert én szent vagyok."*

Isten igazságos. Isten nem csupán teremtőnk és fenntartónk, hanem bíránk is, aki igazságosan ítél és jutalmaz. *Az ítélet Istene az Úr, igazság és jog trónjának támasza.* Ítéletével szemben fellebbezésnek helye nincs.

Isten tökéletes. Isten tudása határtalan. *Nincs olyan teremt-*

mény, amely rejtve volna előtte, sőt mindenki mezítelen és fedetlen az ő szemei előtt. Neki kell majd számot adnunk. Isten előtt leplezetlen a mult, a jelen és a jövő, ismeri gondolatainkat, beszédünket és cselekedeteinket. Bölcsessége tökéletes és számunkra kikutathatatlan. *Ó, Isten gazdagságának, bölcsességének és ismeretének mélysége! Milyen megfoghatatlanok az ő ítéletei, és milyen kikutathatatlanok az ő útjai!*

Isten a világmindenség ura. Ő az egyetlen és legfelső uralkodója a világmindenségnek, semmi sem esik hatalmi körén kívül. *Amit csak akar az Úr, megteszi az égen és a földön.* Istennél nincs véletlen vagy meglepetés. *Mindent saját akarata és elhatározása szerint cselekszik*, a világtörténelem alakulását is ő határozza meg. Senkinek a hozzájárulását vagy a tanácsát nem kell kikérnie, és senki sem akadályozhatja meg szándéka végrehajtásában. *Senki sem foghatja le a kezét, és senki sem mondhatja neki: mit csinálsz?*

Isten mindenható. Minden hatalom az ő kezében van. Magáról így beszél: *Én vagyok az Úr, minden élőnek az Istene. Van-e számomra lehetetlen*? Ez nem jelenti azt, hogy Isten akármit csinálhat, hiszen ő nem képes a hazugságra, nem követ el hibát, nem vétkezik, nem tagadja meg magát, de mindannak megtételére képes, ami jellemének megfelel.

A felsoroltak csak áttekintő képet adnak Isten természetéről, ahogyan azt a Bibliából megismerhetjük. Sokkal többet lehetne elmondani róla (a 22. oldalon még foglalkozunk ezzel a témával), és sok minden van, amit ma meg sem tudunk érteni. *Isten hatalmas dolgokat művel, kikutathatatlanul, csodás dolgokat, megszámlálhatatlanul. A Mindenhatót nem tudjuk megtalálni,* azaz az emberi értelem soha nem lesz képes őt a maga teljességében felfogni. Ezen nincs mit csodálkozni, ha nem így lenne nem lenne méltó imádatunkra.

Ki vagyok én?

A modern élet nyugtalan lüktetése csak fokozza az élet értelmének keresése utáni olthatatlan szomjunkat. Istenről már szóltunk, de mit tudunk magunkról? Honnan jöttünk és hova megyünk, s ugyan mivégre vagyunk itt ezen a világon?

Az első, amit tisztáznunk kell, hogy az ember nem a vaksi véletlen élet egyik jól rendezett atomcsomója, amely többszöri szerencsés átrendeződés folytán olyanra sikeredett, hogy azt ma embernek nevezhetjük. A Biblia azt tanítja, hogy az embert Isten teremtette. *Megteremtette Isten az embert a maga képmására. Isten képmására teremtette, férfivá és nővé teremtette őket.* Az ember több, mint egy magasan fejlett állat. Rokonságunkat nem a majmok között kell keresnünk. Mi éppen annyira különbözünk az állatoktól, mint azok a növényektől, vagy mint a növények az ásványoktól. Méreteire nézve az ember ugyan eltörpül a nap, a hold és a csillagok mellett, de Isten egy megkülönböztetett helyet biztosított számára világunkban. Erre utal az embernek adott első utasítása is: *Uralkodjatok a tenger halain, az ég madarain és a földön mozgó minden élőlényen!* Az ember Isten személyes képviselőjeként él ezen a földön, és az Istentől kapott felhatalmazással uralkodhat a földön élő valamennyi teremtményen.

Sőt, ezen túlmenően Isten különös méltósággal ruházta fel: a maga képmására teremtette az embert. Ez nem azt jelenti, hogy az ember méreteiben, vagy formájában hasonló Istenhez (mint mondottuk Istennek nincsenek méretei, formája), arról sincs szó, hogy az isteni tulajdonságokat csökkentett mértékben, amolyan miniatűr istenként, magunkban hordoznánk. Isten képmására teremtettségünk azt jelenti, hogy hozzá hasonló, értelmes, lelki-szellemi képességekkel felruházott, erkölcsi érzékkel bíró, halhatatlan, tökéletes lénynek teremtettünk, Isten természete jutott kifejezésre bennünk.

Kezdetben az ember örömmel engedelmeskedett Istennek és ennek eredményeként a legteljesebb harmóniában élt teremtőjével. Létének és hovatartozásának kérdése nem okozott

problémát neki, tisztában volt világban elfoglalt helyével és szerepével. De nem csak az ember volt megelégedett, hanem Isten is örömét lelte az emberben. A Biblia megállapítja, hogy a teremtés befejeztével, miután Isten megteremtette és megáldotta az embert, a teremtés koronáját: *"Isten látta, hogy minden, amit alkotott, igen jó."* Történelmünk e kezdeti szakaszában tökéletes emberek, tökéletes környezetben, tökéletes harmóniában éltek egymással és Istennel. Ma ezt annál kevésbé állíthatjuk. Mi történt időközben?

Hol történt a hiba?

E kérdésre adható őszinte válasz így hangzik: *Egy ember által jött be a bűn a világba, és a bűn által a halál.*

Az első emberpár, Ádám és Éva, nagy szabadságban élt; Istennek csupán egy tiltó parancsa volt számukra: *a jó és rossz tudásnak fájáról nem ehetsz, mert ha eszel róla, meg kell halnod.* Ez volt a próbakő, amelyen Isten lemérhette, hogy az ember akar-e engedelmeskedni szavának - pusztán azért, mert Ő azt úgy kérte - vagy nem. A Sátánnak sikerült rávennie Évát arra, hogy ne higgyen Isten szavának és engedetlen legyen parancsa iránt. *Az asszony úgy látta, hogy jó volna enni arról a fáról, mert csábítja a szemet, meg kívánatos is az a fa, mert okossá tesz: szakított a gyümölcséből, evett, majd adott a vele levő férjének is, és ő is evett.* Így "jött be a bűn a világba." Tudatos engedetlensége révén az ember megszakította kapcsolatát Istennel. Már nem szerette, hanem félt tőle. *Elrejtőztek az Úristen elől a kert fái között.* Boldogság, bizalom és öröm helyett szégyen, bűntudat és félelem költözött a szívükbe.

Isten azt mondta, hogy az embernek meg kell halnia, ha engedetlen lesz, és ez be is következett. A halál elválasztást jelent, és engedetlenségük pillanatától kezdve elidegenültek Istentől, elváltak tőle, lelki értelemben meghaltak, és a testi halál is kezdetét vette. Az ember lelkileg halott lett egy halandó testben. De ez még nem minden. Ádám és Éva gyermekei is örökölték szüleik bűnös természetét. Ettől kezdve, mint a megfertőzött forrásvíz, a bűn mérge Ádám valamennyi utódában felfedezhető, és ennek megfelelően *minden emberre átterjedt a halál azáltal, hogy mindenki vétkezett.*

A "mindenki" e sorok íróját és olvasóját is magába foglalja. Mi lehet, hogy sohasem fogunk találkozni ezen a földön, mégis ebben nagyon egyek lehetünk: valamennyien a halál felé vezető úton járó bűnösök vagyunk. *Ha azt mondjuk, hogy nincsen bűnünk, önmagunkat csaljuk meg, és nincs meg bennünk az igazság.* Hasonlóképpen értelmetlen lenne tagadni a halál elkerülhetetlen tényét. A tények elferdítése vagy szépítgetése semmit nem változtat azokon.

A napilapok, a TV és a rádió nap mint nap emlékeztet

bennünket arra, hogy milyen zűrzavaros világban élünk. Könnyű elítélni a különféle törvénytelen, igazságtalan és erőszakos cselekedeteket, de mielőtt másokat megítélnél nézz a szívedbe és lásd meg, mennyire élsz Te Istennnek tetsző, megszentelt életet? Teljesen önzetlen, tiszta, őszinte és szeretettel teljes az életed? Ugye tudod a választ erre a kérdésre. *Mindenki vétkezett, és híjával van az Isten dicsőségének.* Születésednél fogva, természeted szerint és cselekedeteid alapján a bűnösök közé tartozol; szembe kell nézned ennek tényével, és az ezzel járó következményekkel.

Mennyire súlyos a bűn?

Miután megállapítják egy betegség tényét a következő megválaszolásra váró kérdés így hangzik: mennyire súlyos a betegség? Nem kevésbé fontos ennek megállapítása a bűn okozta lelki kórságunkra nézve. Vannak, akik nem veszik komolyan a bűnt, büszkék kihágásaikra és sportot űznek a bűnözésből. Mások emberi gyengeségről beszélnek, ami éppúgy hozzánk tartozik, mint bármelyik életfunkciónk. A "mindenki ilyen" és "mindenki ezt csinálja" azonban nem oldja meg a problémát, hanem eltereli a figyelmet a lényegről. De lássuk mit mond a Bibla a bűnös emberről, rólad és rólam.

A bűn lealacsonyítja az embert. Ez nem jelenti azt, hogy elképesztően gonoszok vagyunk, és mindenféle bűnt válogatás nélkül elkövetünk. Mi igenis képesek vagyunk különbséget tenni a jó és a rossz között, tudunk örömöt okozni, segíteni másoknak, de tudomásul kell vennünk, hogy a bűn elválaszthatatlanul hozzátartozik természetünkhöz; értelmünk, akaratunk, lelkiismeretünk, hajlamaink, érzelmi és képzeletvilágunk teljesen meg van fertőzve a bűn csírájával. *Csalárdabb a szív mindennél, javíthatatlan.* Nem annyira azzal van a probléma, amit teszünk, hanem amik vagyunk. Azért vétkezünk, mert bűnösök vagyunk, nem pedig megfordítva.

A bűn beszennyezi az embert. A Biblia szerint *"belülről, az ember szívéből jönnek elő a gonosz gondolatok, paráznaságok, lopások, gyilkosságok, házasságtörések, kapzsiságok, gonoszságok; valamint csalás, kicsapongás, irigység, istenkáromlás, gőg, esztelenség."* Eszerint Isten előtt minden bűn egyformán súlyos, legyen az gondolat, szó vagy cselekedet. Egyesek csak az olyan cégéres bűnöket tarják elítélendőnek, mint a gyilkosság, rablás vagy sikkasztás, a Biblia azonban nem támasztja alá ezt a felfogást. Mindaz, ami nem üti meg az isteni mértéket bűnnek tekintendő, legyen az gondolat, szó vagy cselekedet. Ezek után, *ki mondhatja: tisztán tartottam szivemet, tiszta vagyok, nincs vétkem?* Vajon elmondhatod ezt magadról? Ha nem, akkor a Te életedet is beszennyezte a bűn.

A bűn törvényszegővé tesz. A Biblia szerint a bűn törvényszegés, szándékos lázadás Isten tekintélye és törvénye ellen. Semmiféle polgári törvény nem kényszerít bennünket hazugságra, csalásra vagy bármilyen más bűn elkövetésére. Az ember saját elhatározása alapján vétkezik, megszegve Isten szent törvényeit, ami súlyos következményekkel jár, mert *igaz bíró az Isten, aki minden nap büntet.* Isten egyetlen bűnt sem

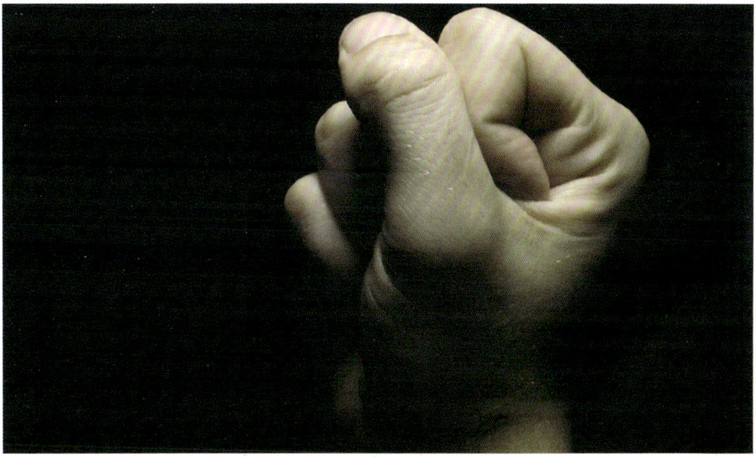

hagy büntetlenül. Az ítélet kis hányada már ebben az életben bekövetkezik, (talán fel sem figyelünk rá), de a végső ítélet a halál után vár az emberre, amikor az ítélet napján *mindenki maga fog önmagáról számot adni az Istennek.*

Mi lesz a halál után?

Különféle elképzelések vannak erről. Egyesek úgy gondolják, hogy a halállal mindennek vége, mások úgy vélik, hogy mindenki a mennybe jut. Vannak, akik azt hiszik, hogy van egy átmeneti hely, ahol a bűnösöket felkészítik a mennyre. A Biblia nem támogatja ezeket a felfogásokat, hanem kijelenti: *elvégzett dolog, hogy az emberek egyszer meghaljanak, azután az ítélet.* Azok, akik rendezték Istennel való kapcsolatukat a mennybe jutnak, bebocsátást nyernek Isten atyai hajlékába, a többiek pedig *örök pusztulással bűnhődnek az Úrtól és az ő dicső hatalmától.* A Biblia szóhaszálata szerint erre a pokolban kerül sor. Négy fontos igazságra kell itt rámutatnunk:

A pokol (gyehenna) tényleges valóság, nem a vallásos emberek képzeletvilágának szüleménye. A Biblia nem hagy kétséget efelől, s többet beszél az ítéletnek erről a helyéről, mint a mennyről. A bűnös nem kerülheti ki *a gyehenna büntetését, teste a gyehennára vettetik.*

A pokol félelmetes hely. A Biblia szerint *a gyötrelem helye,* olyan mint a *tüzes kemence,* amely *örökös izzásban van,* és *olthatatlan tűzzel ég. Sem éjjel, sem nappal nincs nyugalmuk* az ott szenvedőknek, ahol *sírás és fogcsikorgatás* lesz osztályrészük. A többieknek fenntartott áldásokból semmi sem jut az ítélet helyén lévőknek, a legkisebb enyhülésre és vigasztalásra sem számíthatnak, amely Isten jelenlétének a velejárója.

A pokol végleges. A pokolba vezető úton egyirányú a forgalom, onnan nincs visszaút. A menny és a pokol között *egy nagy szakadék van.* A pokol rettenete nem a megjobbítás célját szolgálja, hanem Isten örök ítéletének a kifejeződése.

A pokol Isten igazságos ítéletét hirdeti. A Biblia szerint Isten *igazságos ítéletet mond a világ fölött,* igazságosan jár el, amikor a bűnöst a pokolra kárhoztatja. Végső soron csak azt adja nekik, amit maguk választottak. Megvetették Istent, és elfordultak tőle itt a földön, ott majd ő fordul el tőlük. Szabad választásuk szerint úgy döntöttek, hogy Isten nélkül élik le életüket, döntésüket Isten örökre megpecsételi. Isten eljárása semmiképpen sem tekinthető igazságtalannak.

Ezeknek a rettenetes tényeknek az ismeretében helyénvaló komolyan elgondolkodni azon a kérdésen, amelyet az Úr Jézus tett fel az isteni tekintélyét támadó írástudoknak és farizeusoknak: *Hogyan menekülhetnétek meg az ítélettől, a gyehennától?*

Mit segít a vallásosság?

A valláslexikonok többszáz vallást tartanak számon, s ezek mind az ember vallásos igényének a kielégítését célozzák. Vannak, akik a napot, a holdat és a csillagokat tisztelik, mások a földet, a tüzet és a vizet istenítik, ismét mások kőből, fából vagy fémből készült különféle állatszobrokat imádnak. Se szeri, se száma azoknak az istenségeknek, amelyeket az eltorzult emberi képzelet szült. Voltak, akik a láthatatlan Isten iránti tiszteletüket különféle áldozatokkal, és vallásos ceremóniákkal igyekeztek kifejezésre juttatni. A vallás azonban, bármennyire is komolyan veszik, soha nem képes az ember bűneinek kérdését megoldani. Ennek több oka is van.

A vallás soha nem tudja kielégíteni Istent. A vallásban az embernek az a próbálkozása jut kifejezésre, hogy valamilyen módon kieszközölje Isten jóindulatát. De minden igyekezete hiábavaló, mert a legőszintébb odaszánással sem tud valami Isten számára elfogadhatót felmutatni. *Minden igazságunk olyan, mint a szennyes ruha,* mondja a Biblia. Istent csak a tökéletes elégíti ki, s vallásosságunk ettől távol áll.

A vallásosság nem tisztít meg a bűntől. Az erkölcsös élet még nem bűntelen élet. A jócselekedetek nem képesek a rosszat megsemmisíteni. Istennel való kapcsolatunk helyreállása *nem a cselekedetekért van, hogy senki se dicsekedjék.* Vallásos igyekezetünk és cselekedeteink, legyen az keresztelés, konfirmálás, bérmálás, bemerítés, áldozat, úrvacsora, ima, templomba járás, adományok, jócselekedetek, időnk és erőnk odaszánása, bibliaolvasás, vagy akármi más, soha nem lesznek képesek akár csak egyetlen bűnünket is jóvátenni.

A vallás nem képes bűnös természetünk megváltoztatására. Cselekedeteink és magatartásunk csupán kifejezői szívünk állapotának, tünetei legnagyobb problémánknak, az emberi szív romlottságának. A templomba járás és a különféle vallásos cselekedetek lehet, hogy lelki igényünket kielégítik, de alapvetően nem tesznek mássá bennünket. *Ki adhat tisztát a tisztátalanból? Senki.*

A fent felsorolt vallásos cselekedetek önmagukban nagyon hasznosak lehetnek. Dicséretes dolog a templomba járás, a bibliaolvasás és az imádkozás, maga Isten is buzdít ezekre bennünket, de nagy hiba lenne azt állítani, hogy ezek gyakorlása révén rendezettnek tekinthetjük Istennel való kapcsolatunkat. Aki ezekben bízik csak növeli bűnei számát.

Van megoldás?

Igen, van! Istennek van megoldása életünk égető kérdéseire. A Biblia központi üzenete így foglalható össze: *Mert úgy szerette Isten a világot, hogy egyszülött Fiát adta, hogy aki hisz őbenne, el ne vesszen, hanem örök élete legyen.*

Korábban már rámutattunk arra, hogy Isten igazságossága megköveteli azt, hogy a bűn elnyerje méltó büntetését. A Biblia azonban azt is mondja, hogy *Isten szeretet.* Ő gyűlöli a bűnt, de ugyanakkor szereti a bűnöst, és kész megbocsátani neki. De hogyan mentheti fel az igazságos Isten a bűnöst, amikor törvénye szerint a bűn büntetése halál? Ezt a problémát egyedül Isten oldhatta meg, és ő talált is rá megoldást Fiában, Jézus Krisztusban. A Biblia ezt így fejezi ki: *Az Atya elküldte a Fiát a világ üdvözítőjéül.*

Isten Fia emberré lett, emberi formát vett fel, de földön jártakor is teljesen megőrízte isteni lényét. *Mert benne lakik az istenség egész teljessége oszthatatlan egységben.* Ugyanúgy Isten volt, mintha sohasem lett volna emberré. Jézus Krisztus személye ilyen értelemben teljesen egyedülálló. Fogantatása egészen különleges módon történt, nem volt test szerinti apja, a Szentlélek ereje által fogantatott egy szűz méhében. Fellépése, beszédei, tettei, csodái, egész lénye, jelleme mind-mind egyedülálló volt. *Az emberek álmélkodtak tanításán, mert szavának hatalma volt.* Fellépését csodák kisérték, *gyógyított mindenféle betegséget és erőtelenséget a nép körében,* sőt halottakat is feltámasztott. Nincs hozzá hasonló, tökéletes jellem, jóllehet *hozzánk hasonlóan kisértést szenvedett mindenben, kivéve a bűnt.* Isten, a Mindenható Atya joggal monhatta el róla: *"Ez az én szeretett Fiam, akiben gyönyörködöm."*

Ez utóbbi mondat arra is utal, hogy ő hiánytalanul megtartotta Isten törvényét, ezért a bűn büntetése őt nem kellett, hogy sújtsa. Ennek ellenére bűnös kezek elfogták, hamis tanúbizonyságok alapján elítélték, és végül Jeruzsálemben keresztre feszítették. Halála azonban nem "véletlen balszerencse" volt, hanem *Isten határozott döntése és terve szerint* történt. Az Atya azért küldte el Fiát erre a világra, hogy elszenvedje a bűn büntetését, és Jézus ezt önként vállalta. Saját szavai szerint ő azért jött, hogy *életét adja váltságul sokakért.* Halála csakúgy mint élete egyedülálló volt.

Mindennél fontosabb, hogy megértsd miért jött és halt meg a kereszten Jézus, és mit jelent az ő halála számodra.

Miért állt a kereszt?

A Biblia valamennyi tanítása Jézus Krisztus keresztjében csúcsosodik ki, halálának jelentőségét teszi érthetővé számunkra. A Szentírás központi üzenete nem Jézus tetteihez, csodáihoz vagy tanításához kapcsolódik. Ezek mind fontosak, de a leglényegesebb annak felismerése, hogy Jézus Krisztus azért jött erre a világra, hogy meghaljon helyettünk, miattunk és érettünk. Ez ad különös jelentőséget az ő halálának.

Jézus mint Helyettes meghalt helyettünk. Ez Isten szeretetéről tesz bizonyságot. Isten szemében a bűnös reménytelenül elveszett, hisz igazságossága megköveteli a bűn büntetését. Hogyan menekülhet meg az ember Isten jogos haragja elől? A Biblia azt mondja: *"Isten abban mutatta meg szeretetét, hogy Krisztus már akkor meghalt értünk, amikor bűnösök voltunk."* Isten egy csodálatos tervet dolgozott ki az ember megmentésére. Ennek értelmében Fia önként vállalta a bűnöst megillető helyet és magára vette a bűn büntetését, meghalt *az Igaz a nem igazakért,* hogy nekünk életünk lehessen.

Jézus mint Bűnhordozó meghalt miattunk. A mi bűneink miatt kellett neki meghalnia. Isten szentsége megkívánja a bűn büntetését. Jézus halála nem megrendezett isteni színjáték volt, hanem rettenetes valóság. A kereszten függve így kiáltott fel: *"Istenem, Istenem, miért hagytál el engem?"* Az Atya elfordult szeretett Fiától, aki a legteljesebb mértékben átélte a bűn büntetésének Istentől elválasztó ítéletét. Isten szentsége megkövetelte, hogy valamennyi bűn elnyerje méltó büntetését, s amikor az Úr Jézus átvette a bűnös helyét, ezzel együtt a bűnösre váró bünetést is magára vállalta. Az egyetlen bűntelen bűnhődött a mi vétkeink miatt.

Jézus mint Megváltó meghalt érettünk, hogy megváltson bennünket a ránk váró halálos ítélettől. A feltámadott Megváltó Isten hatalmának a bizonysága. Három nappal halála után Krisztus *hatalmasan Isten Fiának bizonyíttatott, a szentség Lelke szerint, a halálból való feltámadás által. Sok bizonyítékkal meg is mutatta, hogy él és többé nem hal meg, a halál nem uralkodik rajta.* Az Úr Jézus feltámasztása annak a bizonysága, hogy Isten elfogadta Fia halálát a bűnös ember helyett, a bűn zsoldja teljesen kifizettetett. Ennek alapján ajánlhatja fel nekünk a bűnök bocsánatát, a bűnök ítélete alóli mentességünket. Örök ítélet helyett örök élet várományosai lehetünk.

Mindez mit jelent a számodra? Hogyan rendeződhet életed Isten előtt? Hogyan lehet Krisztus a Te Megváltóddá?

Hogyan menekülhetnék meg?

Az olvasottak után nemde kívánatosnak tűnik Istennel való kapcsolatunk helyreállítása? Nemde jó lenne megváltottnak lenni, kibékülni Istennel, akármi áron is? Ha nincs ez a vágy benned, akkor azt ajánlanám, hogy talán olvasd el még egyszer az előző oldalakat, kérve Istent, hogy mutassa meg az azokban rejlő igazságot.

Ha Isten leleplezte előtted, mire van leginkább szükséged, és szeretnél megváltott lenni, akkor bűnbánattal *térj meg Istenhez, és higgy az Úr Jézus Krisztusban.*

Térj meg Istenhez. Bűnnel szembeni magatartásodban, gondolkodásodban mélyreható változásnak kell történnie. Egész életed 180 fokos fordulatot kell vegyen. Őszintén meg kell bánnod, hogy vétkeztél, fellázadtál a szent Isten ellen. Az elkövetett bűnök miatti szégyenérzet és sajnálat ennek jelei. Őszinte bűnbánat nélkül Isten nem tud megbocsátani. Bűnbánatunk valódiságát az bizonyítja, hogy életünk új irányt vesz, minden igyekezetünkkel azon leszünk, hogy Isten jótetszésére, *a megtéréshez méltóan éljünk.*

Higgy az Úr Jézus Krisztusban. Ez mindenek előtt azt jelenti, hogy fel kell ismerned: Jézus a *Krisztus az élő Isten Fia,* aki *meghalt a gonoszokért.* Továbbá azt is jelenti: higgy abban, hogy ő valóban meg tud menteni. Bizzál benne, hidd el, hogy csak egyedül ő képes Istennel való kapcsolatunkat helyreállítani. Az ember büszkesége tiltakozik az ellen, hogy ne saját érdemeiben, vallásosságában bízzon, hanem egyedül Jézus Krisztusban. Pedig nincs más út a számunkra. Semmi és senki más nem válthat meg bennünket csak Krisztus, *aki üdvözíteni tudja örökre azokat, akik általa járulnak Istenhez.*

Ha Isten meg tudott győzni afelől, hogy mire van szükséged, és vágy támadt a szívedben elfogadni Jézus Krisztus helyettes áldozatát, úgy ne késlekedj ezt elmondani neki. Legjobb, ha hangos imában juttatod kifejezésre gondolataidat. Ez segít abban, hogy magad is tisztán lássd mi van a szívedben. Valld be magadnak és Istennek, hogy megváltásra szoruló bűnös vagy, kérd Jézus Krisztust, hogy mentsen meg, és foglalja el az őt megillető helyet életedben. Ennek az lesz az eredménye,

hogy véglegesen elszakadsz a bűntől, és neki szenteled életed. A Biblia szerint, *ha száddal Úrnak vallod Jézust, és sziveddel hiszed, hogy Isten feltámasztotta őt a halálból, akkor üdvözülsz,* mert *meg van írva, aki segítségül hívja az Úr nevét, üdvözül.* Ha valóban hiszel benne, mint Uradban és Megváltódban, akkor mindezeket az ígéreteket a magadénak vallhatod.

Ha eljutottál idáig s bizalmadat valóban Jézus Krisztusba vetetted, akkor minden okod megvan arra, hogy örvendezzél. Helyreállt Istennel való kapcsolatod, amit a Biblia úgy fejez ki, hogy "megigazultál", s azt mondja, *mivel tehát megigazultunk hit által, békességünk van Istennel a mi Urunk Jézus Krisztus által.* Bűneid kérdése Jézus Krisztus által elintézést nyert, mivel *aki hisz őbenne, az ő neve által bűnbocsánatot nyer.* Isten házában családtag lettél, hiszen *akik befogadták őt, azoknak megadta azt a kiváltságot, hogy Isten gyermekeivé legyenek.* Örök életed van, *nincs most már semmiféle kárhoztató ítélet azok ellen, akik a Krisztus Jézusban vannak.* Maga Isten vett lakozást benned Szentlelke által: *annak Lelke lakik bennetek, aki feltámasztotta Jézust a halálból.* Óriási változás történt életedben, s most elkezdődhet a lelkiekben való növekedés. Ezzel kapcsolatban négy dologra hívjuk fel figyelmed, melyeknek nagy jelentősége lesz új életedben.

Imádság. Istenhez most úgy beszélhetsz, mint soha korábban: Atyádnak szólíthatod. Imádhatod és dicsőítheted őt szeretetéért, szentségéért és hatalmáért. Bocsánatát naponta megtapasztalhatod, hiszen Isten gyermekei sem mondhatják el magukról, hogy tökéletesek, de *ha megvalljuk bűneinket, hű és igaz ő: megbocsátja bűneinket és megtisztít bennünket minden gonoszságtól.* Naponta hálát adhatsz irántad tanusított jóságáért. Felismered milyen sok mindenért lehetsz hálás neki nap mint nap. De főként az tölt majd be el nem múló hálával, hogy megmentett, gyermekévé fogadott és örök élettel ajándékozott meg. Soha nem fog nehézséget okozni ezekért hálát adni. Újból és újból kérheted segítségét, erejét és vezetését, magad és mások számára. Különösen azokért imádkozhatsz, akik ma még távol vannak Isten ismeretétől.

Bibliaolvasás. Az imádság Istennel való beszélgetés, amelyben elmondjuk neki gondolatainkat. A Biblián keresztül Isten szól hozzánk. Ezért nagyon fontos, hogy naponta olvassuk Isten Igéjét, hogy *megtudjuk mi kedves az Úrnak.* Miközben olvasod a Szentírást kérd Istent, hogy világosítsa meg az olvasottakat, és engedelmeskedj az Ige tanításának, hogy ezáltal *növekedhess az üdvösségre.* Ha segítségre van szükséged írjál a 31. oldalon található címre, vagy keresd fel személyesen az ott jelzett gyülekezetet.

Közösség. Most, hogy Isten családjának tagja lettél, ő azt akarja, hogy rendszeresen találkozz testvéreiddel. *Össze-*

jöveteleinkről ne maradjunk el ... hanem buzdítsuk egymást. Ez azt jelenti, hogy minél hamarabb csatlakozz egy gyülekezethez lakóhelyed közelében, és ápold velük a közösséget. Nem minden esetben könnyü egy egészséges, biblikus gyülekezetet találni, ahol e füzetben olvasottaknak megfelelően magyarázzák a Bibliát. Akitől kaptad ezt a füzetet talán segítségedre lehet keresésedben. Isten népe között forgolódva növekedni fogsz Jézus Krisztus megismerésében, mások tapasztalata téged is gazdagíthat. Megismered majd Isten rendeléseit a keresztelással (bemerítéssel) és az úrvacsorával kapcsolatban, felismered mennyi öröm forrása lehet Istentől kapott képességeid kamatoztatása mások javára. Meglátod milyen nagy szükséged van a gyülekezetre és a gyülekezetnek is rád.

Szolgálat. Hamarosan azt is felfedezed, hogy micsoda kiváltság *az Urat, Istenedet szolgálni, teljes szívedből és teljes lelkedből.* Soha ne felejtsd el, hogy *ő szabadított meg minket és ő hívott el szent hívással.* Törekedj a megszentelt életre. *Az az Isten akarata, hogy megszentelődjetek.* Keresd az alkalmat hol használhat fel Isten. Ne felejtsd el, hogy *Krisztus Jézusban jó cselekedetekre teremtett* Isten. Mindenkor légy kész elmondani *milyen nagy dolgot tett az Úr veled.* Ez nem csupán kötelessége, hanem örömteli kiváltsága minden Isten gyermekének, boldog megtapasztalás, a benned levő új élet jele.

Mostantól fogva igyekezz úgy élni, hogy életed mindenkor *annak nagy tetteit hirdesse, aki a sötétségből az ő csodálatos világosságára hivott el.*

További tanácsért a következő címhez fordulj:

A szövegben előforduló bibliai idézetek:

4. old.
Zsid 11,6
1Móz 1,1
Zsid 11,3

5. old.
Zsolt 33,9
ApCsel 17,24
1Móz 2,7
Zsolt 139,14

6. old
Jób 11,7
Zsolt 19,1
Róm 1,20

7. old.
2Pét 1,21
Zsolt 19,8-9
2Tim 3,16
1Thessz 2,13

8. old.
Jer 10,10
Ézs 44,6
Fil 2,11
Jn 1,1
2Kor 3,18
Jn 4,24

9. old.
Jn 1,18
Jer 23,24
Zsolt 90,2
Jel 1,8
Mal 3,6
ApCsel 17,25

10. old.
2Móz 15,11
1Sám 2,2
Hab 1,13
1Pét 1,16
Ézs 30,18
Zsolt 97,2
Zsid 4,13
Róm 11,33

11. old.
Zsolt 135,6
Ef 1,11
Dán 4,32
Jer 32,27
Jób 5,9
Jób 37,23

12. old.
1Móz 1,27
1Móz 1,28

13. old.
1Móz 1,31

14. old.
Róm 5,12
1Móz 2,17
1Móz 3,6
1Móz 3,8

15. old.
Róm 5,12
1Jn 1,8
Róm 3,23

16. old.
Jer 17,9

17. old.
Mk 7,21-22
Péld 20,9
1Jn 3,4
Zsolt 7,11
Róm 14,12

18. old.
Zsid 9,27
2Thessz 1,9
Mt 23,33
Mt 5,29
Lk 16,28
Mt 13,42
Ézs 33,14
Mt 22,13
Mt 3,12
Jel 14,11

19. old.
Lk 16,26
ApCsel 17,31
Mt 23,33

20. old.
Ézs 64,6

21. old.
Ef 2,9
Jób 14,1

22. old.
Jn 3,16
1Jn 4,8
1Jn 4,14
Kol 2,9

23. old.
Lk 4,32
Mt 4,23
Zsid 4,15
Mt 3,17
ApCsel 2,23
Mt 20,28

24. old.
Róm 5,8
1Pét 3,18

25. old.
Mk 15,34
Róm 1,4
ApCsel 1,3
Róm 6,9

26. old.
ApCsel 20,21
ApCsel 26,20
Mt 16,16
Róm 5,6

27. old.
Zsid 7,25
Róm 10,9
Róm 10,13

28. old.
Róm 5,1
ApCsel 10,43
Jn 1,12
Róm 8,1
Róm 8,11
1Jn 1,9

29. old.
Ef 5,10
1Pét 2,2
Zsid 10,25

30. old.
5Móz 10,12
2Tim 1,9
1Thessz 4,3
Ef 2,10
Mk 5,19
1Pét 2,9